BIBLIOTHÈQUE LAÏQUE DE L'ENFANCE

LE THÉATRE

A L'ÉCOLE ET DANS LA FAMILLE

I

JANE

TROIS ACTES

PAR

CH. DANIEL

Illustrations par A. DENIS

PARIS
LIBRAIRIE D'ÉDUCATION LAÏQUE
1 *bis*, RUE HAUTEFEUILLE

LE THÉATRE

A L'ÉCOLE ET DANS LA FAMILLE

VERSAILLES
IMPRIMERIE CERF ET FILS
59, RUE DUPLESSIS

BIBLIOTHÈQUE LAÏQUE DE L'ENFANCE

LE THÉATRE

A L'ÉCOLE ET DANS LA FAMILLE

I

JANE

TROIS ACTES

PAR

CL. DANIEL

Orné de deux belles gravures par DENIS.

PARIS
LA LIBRAIRIE D'ÉDUCATION LAÏQUE
1 *bis*, RUE HAUTEFEUILLE

1881

JANE

TROIS ACTES

PERSONNAGES :

M. FELLMANN, colonel en retraite.
HORACE, capitaine d'artillerie, son fils.
JULIEN, frère d'Horace.
JANE, fille d'Horace (8 à 10 ans).
JOSEPH, au service du colonel.

Pour une école de garçons on peut facilement remplacer le rôle de Jane par celui d'un petit garçon du même âge.

Tiens ! regarde-moi ça !
Acte II, scène III, page 29.

JANE

TROIS ACTES

ACTE PREMIER

Le théâtre représente une salle de travail : à droite, la porte d'entrée, à gauche, un bureau, vis-à-vis une cheminée avec du feu, deux fauteuils.

SCÈNE PREMIÈRE

JULIEN, LE COLONEL.

Julien est assis au bureau, il écrit, la porte s'ouvre, le colonel entre, il est en habit de ville, et porte la rosette de la Légion d'honneur.

JULIEN se levant avec empressement et allant au devant de son père.

Bonjour, mon bon père ? quoi ! levé déjà et habillé encore !

LE COLONEL.

Mais oui, mon ami, cela t'étonne ?

JULIEN.

Pas précisément, car je sais que vous êtes resté fidèle à vos vieilles habitudes militaires (il serre la main de son père). Et comment vous trouvez-vous ce matin ?

LE COLONEL.

Bien, Julien, bien, je te remercie.

JULIEN avançant un fauteuil près du feu.

Le froid, paraît-il, ne vous fatigue pas trop, puisque vous ne craignez pas, à ce que je vois, d'affronter les douze degrés que marque ce matin le thermomètre ?

LE COLONEL s'asseyant dans le fauteuil, près du feu.

Mais non, mon ami ; et, cependant, ça pince dur dehors, d'après ce que m'a dit Joseph, mais c'est une belle gelée, et j'aime ce temps-là, moi !

JULIEN à part.

Allons, il faut se décider. (haut) Mon père, j'ai une nouvelle à vous apprendre.

LE COLONEL avec intérêt.

Voyons ta nouvelle ?

JULIEN.

Le régiment de mon frère change de garnison et vient prendre ses quartiers à Paris.

LE COLONEL, avec indifférence.

Ah !

JULIEN, après quelque hésitation.

Ne lui permettrez-vous pas, mon père, à ce cher Horace, de venir vous présenter ses respects ; il serait si heureux si, oubliant enfin votre long ressentiment, vous consentiez, après une si longue absence, à le revoir et à lui rendre votre tendresse.

LE COLONEL.

Lui pardonner ! le revoir ! lui, ce fils ingrat qui a trompé si cruellement mon amour paternel, car je l'aimais, moi aussi, je l'aimais tendrement et c'est cet attachement sans bornes qu'il aurait dû reconnaître et qu'il a méconnu ; c'est là ce qui augmente sa faute et mon ressentiment ; non, mon fils, non, je ne reverrai jamais votre frère.

JULIEN.

Ah ! mon père, combien vous regretteriez votre colère si vous aviez lu toutes les lettres que vous a écrites ce pauvre Horace ; si vous aviez vu combien il est malheureux de votre indifférence ! Si vous saviez quel respect, quel amour, il y témoigne pour vous à chaque ligne !... car il vous aime.

LE COLONEL.

Il m'aime, dis-tu, Julien, mais si cela eut été vrai, m'eût-il si cruellement abandonné moi, son vieux père, accablé d'âge et d'infirmités ?... et pour quel motif encore ?... il s'est engagé, lui, le fils d'un colonel !... il est parti simple soldat !

JULIEN.

Simple soldat, mon père, mais n'est-ce pas ainsi qu'ont débuté quelques-uns de nos plus illustres généraux ? Et vous-même, ne vous ai-je pas entendu cent fois vous faire un titre de gloire d'avoir ainsi gagné votre fortune et vos épaulettes à la pointe de votre épée ? Pouvez-vous faire un crime à mon frère de suivre votre exemple ? Est-il donc coupable d'avoir hérité de votre amour de la patrie et de votre mépris des dangers et vous a-t-il jamais fait rougir par quelque action indigne d'un brave ?

LE COLONEL.

Non, oh ! non, Julien ! j'en serais mort de honte et de douleur ; malgré son oubli de ses devoirs envers moi, j'apprécie sa conduite et son courage, je sais qu'il a, par sa valeur, gagné tous ses grades ; je puis estimer en lui le capitaine Horace Fellmann sans, pour cela, pardonner à un fils coupable, car sa valeur et ses exploits, non plus que mon exemple, ne sauraient lui servir d'excuse. Quand je suis parti pour l'armée, j'y étais forcé par la loi, je n'avais pas un autre avenir ; enfin, je n'abandonnais pas un vieux père couvert de cicatrices, malade et souffrant, ayant mis en moi son espoir et la consolation de ses vieux jours et à qui mon brusque départ pouvait donner le coup de la mort.

JULIEN.

Que dites-vous, mon père ? Horace ne vous laissait pas seul ; il savait qu'avec des goûts plus calmes que les siens je resterais près de vous, moi, pour vous adoucir le chagrin causé par l'absence de l'aîné de vos enfants et pour plaider sa cause.

LE COLONEL, se levant.

Julien, mon cher fils, tu as bien rempli la double mission que t'as laissée ton frère ; oui, tu as adouci mes chagrins par ta tendresse, par ton dévouement ; tu as bien et toujours plaidé la cause de l'ingrat et je ne t'en veux pas pour cela ; tu eusses été un mauvais frère en agissant autrement. Mais, crois-moi, mon fils, ces tentatives sont vaines ; elles n'ont pour résultat que de rouvrir la blessure que ton frère a faite à mon cœur et de renouveler mes douleurs. je t'en conjure, Julien, n'en parlons plus.

(Le colonel essuie une larme qui roule dans ses yeux et sort.)

SCÈNE II

JULIEN seul.

JULIEN, regardant son père s'éloigner et poussant un soupir.

Allons ! encore un essai inutile, je ne renonce pourtant pas encore à les réunir. mais j'y vois bien des obstacles !... En attendant, il faut annoncer cette mauvaise nouvelle à mon frère ; que cela va lui être pénible ! Cependant, je ne perds pas courage ; qui sait, mon idée !....

SCÈNE III

JULIEN, LE CAPITAINE HORACE, JANE.

HORACE entr'ouvrant la porte et à demi-voix.

Puis-je entrer, Julien ?

JULIEN.

Oui, oui. entre. Il sort d'ici.

HORACE entrant avec empressement, et tenant sa fille par la main (costume de capitaine d'artillerie).

Eh bien ! mon ami, quelles nouvelles ?

JULIEN avec quelque embarras.

Pas aussi bonnes que je le voudrais ; mon père a donné des éloges à ta conduite, à ton courage...

HORACE avec vivacité.

Mais consent-il à me revoir ?

JULIEN, toujours embarrassé.

Pas encore, cependant je ne désespère pas.

HORACE, tristement.

Tu cherches en vain à me tromper, Julien :

ta figure est trop franche pour ne pas trahir ta pensée... Mon père est demeuré inflexible... Mais, suis-je donc si coupable pour qu'il me traite avec tant de dureté?

(Il se laisse aller avec abattement sur le fauteuil.)

JANE, avec tendresse.

Je t'en prie, mon petit papa, ne te fais pas de chagrin... Ecoute-moi; tiens, si tu veux, j'irai trouver grand-père, moi; je le caresserai tant et je lui dirai tant que je l'aime qu'il te pardonnera, c'est sûr; les vieux militaires, ça n'est pas méchant, tu sais bien surtout avec les enfants. Tu te rappelles bien le colonel Baudry qui était si dur avec tout le monde et dont moi je faisais tout ce que je voulais parce que je le faisais rire et qu'il aurait été honteux de se mettre en colère contre une petite fille; eh bien, laisse-moi faire, j'irai voir grand-papa et tu verras; il est bon, d'ailleurs, puisque tu me l'as dit.

HORACE, attirant sa fille et l'embrassant.

Tu ne tremblerais donc pas, petite, en abordant ton grand-père, il est bien sévère, va.

JANE.

Oh! je sais bien, et je ne dis pas que je

n'aurais pas un peu peur, car tout en étant bien bon, il paraît qu'il est très brusque, grand-papa.

HORACE, souriant.

Allons, dis que tu n'oserais pas.

JANE.

Oh! que si j'oserais! Une fois le premier moment passé, tout mon courage me reviendra; d'ailleurs, je penserai que c'est pour toi et je ne tremblerai plus du tout.

HORACE, avec effusion.

Merci, chère petite, merci; mais nous n'aurons pas occasion de mettre ta bonne volonté à l'épreuve, car le colonel ne te recevrait même pas.

JULIEN.

Peut-être, peut-être, et j'ai dans l'idée un projet où, au contraire, Jane nous sera du plus grand secours.

HORACE.

Dis-nous ton projet, Julien, et puisse-t-il réussir!

JANE, avec empressement.

Ah ! oui, mon oncle, dis-nous ce que tu veux faire.

JULIEN.

Pour ne pas vous causer de déceptions, je ne veux rien vous dire maintenant, et je ne vous ferai connaître la suite de mon dessein que si le commencement réussit; vois-tu, Horace, c'est une forteresse inexpugnable par la force que le colonel Fellmann ; eh bien ! nous le prendrons par la ruse et c'est le seul moyen; console-toi donc, mon frère et compte sur moi.

HORACE, se levant.

Merci, Julien, puisses-tu dire vrai !

(Horace prend la main de sa fille et se dirige vers la porte.)

JULIEN.

Ah !... envoie donc, et au plus tôt, le joli portrait de Jane que tu m'as montré hier, chez le marchand de tableaux du boulevard des Capucines, tu sais, Cartel ; mon père y va tous les jours ou à peu près et... c'est bon, je vous dirai cela quand le moment sera venu.

JANE, avec chagrin.

Oh ! Pourquoi faire, mon oncle ? Tu veux vendre mon portrait ? mais je ne le veux pas, moi, ni papa non plus, n'est-ce pas, père ?

HORACE, souriant.

Non, ma fille, non, sois tranquille, ton oncle ne veut pas vendre ton portrait, à un étranger du moins, car je commence à deviner son projet et je l'approuve.

JANE.

Oh ! tant mieux, père ! Tu vas me le dire, alors.

JULIEN.

Pas ici, en tout cas, car le colonel va rentrer et il ne faut pas qu'il vous trouve dans mon bureau, lui qui ne vous croit même pas à Paris ; ah ! c'est pour le coup que tout serait perdu !

HORACE.

Allons, viens, petite curieuse et laisse faire ton oncle. Au revoir, Julien et bon courage !

(Horace ouvre la porte pour sortir.)

JULIEN, vivement.

N'oublie pas le portrait au moins.

HORACE.

Non, non, sois sans crainte, c'est la première chose que je vais faire en rentrant. (Il sort avec Jane.)

SCÈNE IV

JULIEN seul.

(Il se frotte joyeusement les mains.)

Ah ! je crois tout de même que, cette fois, j'ai trouvé le bon moyen. Que ce pauvre Horace va être heureux ! (Il tire sa montre.) Oh ! Oh ! Onze heures et demie déjà ; mon père ne va pas tarder à revenir de sa promenade et je n'ai que le temps. (Il sonne.

SCÈNE V

JULIEN, JOSEPH.

JOSEPH, ouvrant la porte.

Monsieur Julien a sonné?

JULIEN.

Joseph, descendez-moi donc tout de suite, je

vous prie, le petit tableau que j'ai apporté hier soir et que j'ai posé sur la cheminée : vite, avant que le colonel ne rentre.

(Joseph sort, Julien s'assied près du feu et se chauffe les pieds.)

JOSEPH, rentrant avec le tableau.

Voilà, monsieur Julien.

JULIEN.

Bien, donnez. (Joseph sort, Julien se lève, prend le tableau et l'examine.)

SCÈNE VI

JULIEN, LE COLONEL.

LE COLONEL entrant brusquement.

Brrr..... quelle chaleur ! il fait vraiment meilleur ici que sur les boulevards. (Il s'assied près du feu). Tiens ! qu'est-ce que tu as là ?

JULIEN, montrant le tableau à son père.

Une jolie tête d'enfant, voyez, mon père ; Gentil qui me l'a donnée hier pour vous m'a assuré que c'était un Rubens.

LE COLONEL, prenant le tableau.

C'est vrai qu'elle est charmante ; ce petit garçon a l'air tout à fait éveillé. Cela va faire merveille dans ma galerie (pour une école de garçons ce doit être une tête de petite fille), mais il lui faut un pendant ; tâche donc de m'en trouver un.

JULIEN.

Je sais bien ; il vous faudrait une tête de petite fille bien fraîche, bien douce, j'ai couru hier toute la journée pour cela.

LE COLONEL.

Et tu n'as pas trouvé mon affaire ?

JULIEN.

Non, mon père, car quoi que vous en pensiez, ce n'est pas chose facile à rencontrer qu'un joli portrait de jeune fille ; j'en ai vu beaucoup, mais pas un seul qui soit digne de figurer avec votre Rubens.

LE COLONEL.

C'est que tu cherches mal ; je vais moi-même, après déjeuner, me mettre en course et je parie qu'avant ce soir, je l'aurai.

JULIEN.

Peut-être serez-vous plus heureux que moi, je le désire, mais...

LE COLONEL.

Bien, bien, nous verrons cela, et je te parie tout ce que tu voudras que demain, à pareille heure, mon petit garçon et ma petite fille sont placés vis-à-vis l'un de l'autre dans ma galerie. (Il sort.)

SCÈNE VII

JULIEN, seul.

Allons, allons, ça va bien, il est impossible qu'il n'aille pas chez Cartel, impossible aussi que le portrait de Jane manque de produire l'effet que je désire. Nous touchons au but ou je me trompe.

FIN DU PREMIER ACTE.

ACTE II

SCÈNE PREMIÈRE

LE COLONEL, JULIEN.

Le colonel est assis dans l'un des fauteuils près du feu ; il lit un journal (tenue de ville comme dans l'acte précédent). Sur l'autre fauteuil est un petit tableau représentant une tête de jeune fille. (Julien entre.)

LE COLONEL, laissant son journal.

Ah ! je t'attendais avec impatience (prenant le tableau). Eh bien ! qu'est-ce que tu dis de cette tête-là ? Hein ! est-ce joli ! est-ce frais !

JULIEN, prenant le portrait des mains de son père.

Charmant, mon père, charmant, en vérité !

LE COLONEL.

Quand je te disais que tu ne savais pas chercher.

JULIEN.

C'est vrai, mon père, je ne sais comment

vous faites, mais il est certain que, mieux que personne, vous savez découvrir les bonnes occasions !

LE COLONEL, *joyeux.*

Mais regarde donc, regarde donc, comme ma petite fille va bien faire près de mon petit garçon ! Et quelle belle et soyeuse chevelure blonde ! comme les boucles en sont légères ! on dirait que le vent va les soulever !... Et ces yeux bleus comme ils sont brillants et doux ! A-t-on jamais vu bouche plus gracieuse, plus souriante ? L'enfant qui a posé pour ce portrait doit faire le charme de ses parents ; avec une physionomie comme celle-ci, il est impossible de ne pas avoir le plus aimable caractère.

JULIEN.

Vous croyez, mon père, il me semble cependant...

LE COLONEL.

Du tout, du tout... je me connais en physionomie et je suis sûr que cette petite fille-là est la douceur, la prévenance, la complaisance même.

JULIEN.

Je me permettrai, mon père, de n'être pas

de votre avis : une heureuse physionomie n'implique pas absolument un heureux caractère ; cette enfant peut être charmante, mais je soutiens que malgré sa gentillesse, elle peut être aussi très désagréable.

LE COLONEL.

Vraiment, tu es singulièrement attaché à ton opinion. Eh bien, moi, je suis sûr d'avoir raison et je donnerai bien quelque chose pour connaître cette petite fille-là.

JULIEN.

(A part.) Nous y voilà, nous y voilà, bravo. (Haut.) Cela doit être facile, le peintre, je pense, fera volontiers connaître son modèle ; comment est signé ce tableau ?

LE COLONEL.

Alexandre Chardini.

JULIEN.

Tiens ! mais j'ai fait une partie de mes études avec un jeune homme de ce nóm qui montrait déjà beaucoup de goût pour la peinture ; ce doit être lui ; s'il en est ainsi, nous arriverons plus facilement encore à la solution de notre petit différend ; je vais m'en informer tout de suite ?...

LE COLONEL.

C'est cela, va, informe-toi, je serai charmé de vous convaincre, monsieur l'incrédule. (Julien sort.)

SCÈNE II

LE COLONEL, seul.

Ces jeunes gens sont entêtés, mais moi, je le suis aussi et je tiens à mon opinion parce qu'elle est juste ; (il prend le tableau). Oui, je reste convaincu que l'enfant dont les traits sont si doux doit être la plus charmante du monde. Enfin, voilà Julien à la découverte et nous allons voir. (Il pose le tableau.)

SCÈNE III

LE COLONEL, JOSEPH.

LE COLONEL, appelant.

Joseph !

JOSEPH (tenue de valet de chambre, un tablier, un plumeau à la main) il ouvre la porte et faisant le salut militaire.

Mon colonel ?

LE COLONEL.

Donne-moi mes pantoufles, Joseph, je suis fatigué, je ne sortirai plus aujourd'hui. (*Joseph va chercher les pantoufles.*) C'est que j'ai trotté hier pour ce tableau, j'en ai fait des pas et des démarches ! j'en ai vu des croûtes ! au lieu d'avoir été de suite chez Cartel qui a toujours les plus jolies et les plus gracieuses toiles de tout Paris. Enfin, je ne regrette pas ma peine, car elle est ravissante, ma petite fille.

JOSEPH *rentrant avec les pantoufles.*

Voilà, mon colonel.

LE COLONEL.

Bon ! mets-les moi, Joseph, je te prie (*Joseph met les pantoufles*). Là ; donne-moi aussi ma calotte.

JOSEPH.

Faut-il apporter en même temps votre robe de chambre, mon colonel ?

LE COLONEL.

Non, non, Joseph, je vais attendre ici mon fils et il peut venir des étrangers ; dans un bureau, il faut de la tenue et tu sais, mon vieux camarade, que, sur ce chapitre-là, je suis inexorable ; ainsi, pas de robe de chambre pour le moment. (Joseph va chercher la calotte, le colonel ôte son chapeau et la met, puis il prend le tableau et le montrant à Joseph). Tiens, regarde moi ça, qui m'a fait tant courir hier et dis-moi ce que tu en penses.

JOSEPH.

Oh ! mon colonel ! la jolie petite fille ! Elle serait quasi, comme qui dirait la petite à Monsieur Horace qui a bien maintenant huit à neuf ans et qui est gentille, qu'on dit, comme cette petite figure-là.

LE COLONEL, en colère.

Sortez, Joseph, et ne vous permettez jamais de me parler du capitaine Horace ; il ne m'est plus rien et je ne veux ni le revoir, ni connaître sa fille.

(Joseph sort d'un air piteux.)

SCÈNE IV

LE COLONEL seul.

LE COLONEL.

Avez-vous vu le maraud de quoi il s'avise! Conçoit-on cette hardiesse! Venir me parler d'un fils que je n'aime plus, auquel je ne veux plus penser! Sa fille! Eh! Que m'importe! C'est comme Julien, hier; moi, lui pardonner! Jamais!

(Il prend le portrait, le considère quelques instants, puis le posant de nouveau et croisant les bras, il le regarde avec attendrissement.)

SCÈNE V

LE COLONEL, JULIEN.

JULIEN, il entre et allant à son père.

Qu'avez-vous, mon père, vous semblez préoccupé?

LE COLONEL.

Non seulement préoccupé, mon ami, mais m'attendrissant presque à la vue de cette toile: je ne sais si c'est une aberration de mon esprit, mais il me semble retrouver dans ce portrait..., tiens, vois toi-même, ne trouves-tu pas quelque ressemblance avec ta mère, cette femme si chère dont je pleurerai toujours la perte, regarde attentivement, mon fils, et dis-moi si l'effet que produit sur moi ce tableau ne vient que de mon imagination.

JULIEN, avec attendrissement.

Je crois, en effet, reconnaître plusieurs des traits de ma bonne mère : mais par une coïncidence qui ne vous étonnera pas moins, la fille d'Alexandre Chardini qui a posé pour ce portrait porte un nom qui nous est également cher.

LE COLONEL, vivement.

Elle s'appelle Jane ?

JULIEN.

Oui, mon père, et M. Chardini m'a assuré que sa fille était la plus aimable enfant qu'il soit possible de voir : douce, gracieuse, prévenante, pleine d'aménité et de complaisance pour tous, toujours gaie et de bonne humeur, charmante enfin, et telle qu'un père peut la souhaiter.

LE COLONEL.

Ah !... J'avais donc raison ?

JULIEN.

Je suis forcé d'en convenir.

LE COLONEL.

Et ce peintre est-il riche, à son aise au moins?

JULIEN.

Je ne le crois pas.

LE COLONEL.

Eh bien, il faut que tu m'amènes sa fille, je me sens porté à faire quelque chose pour cette enfant qui ressemble tant à ta mère et qui porte son nom ! Tiens ! Sans plus tarder, va demander à son père la permission de me l'amener, je suis impatient de la voir.

JULIEN.

J'irai, mon père, je ferai votre commission.

LE COLONEL.

Tout de suite, entends-tu, et dis-lui bien qu'il me fera grand plaisir ; te faut-il longtemps pour aller chercher l'enfant et la ramener ?

JULIEN.

Oh ! vraiment non : si son père y consent, dans une heure au plus je puis être ici.

LE COLONEL.

Il faut qu'il y consente, Julien, il le faut. (Il se lève.) Eh bien, je monte dans ma chambre me reposer un peu ; dans une heure, je descends, il faut que je te trouve ici avec l'enfant.

JULIEN.

Je vous assure, mon père, que je vais faire tout mon possible.

LE COLONEL.

Allons, je compte sur toi ; dans une heure. (Il sort.)

SCÈNE V

JULIEN seul.

Ah ! si je ne réussis pas maintenant, ce sera ce qui s'appelle avoir du guignon ; mais je suis fâché que mon père soit monté, (il regarde à sa montre) je ne peux vraiment pas à cette heure-ci, laisser mon bureau sans personne pour répondre. (Il reste un moment indécis.) Il y a un autre moyen : Horace n'est pas si loin et je suis bien sûr que mon père ne descendra pas avant une heure. (Il entr'ouvre la porte.)

SCÈNE VI

JULIEN, JOSEPH.

JULIEN, à demi-voix.

Joseph ! Joseph !

JOSEPH, à demi-voix aussi.

Monsieur Julien ?

JULIEN, toujours à demi-voix.

Entrez, Joseph et fermez la porte.

JOSEPH, fermant la porte.

(A demi-voix.) Voilà, monsieur Julien.

JULIEN, à demi-voix.

Mon père est rentré dans sa chambre n'est-ce pas ?

JOSEPH, à demi-voix.

Oui, monsieur Julien, et il a dit comme ça que je ne le dérange pas d'ici une heure, qu'il veut faire une petite sieste et que dans une heure je frappe à sa porte.

JULIEN, à demi-voix.

Bon, c'est très bien ! Maintenant Joseph, courez chez M. Horace, dites-lui de venir tout de suite avec Jane. Allez vite.

JOSEPH, à demi-voix.

Oui, oui, monsieur Julien, cinq minutes seulement et je vous les ramène. (Il sort.)

SCÈNE VII

JULIEN seul.

Il s'agit maintenant que la petite joue bien son rôle et ait le courage et la patience de le bien soutenir jusqu'au bout ! mais j'ai bon espoir, cette enfant est pleine de cœur et d'une intelligence bien au-dessus de son âge ; allons, espérons ! (Il prend un journal et s'assied, il lit.)

(Après un instant.) Ah ! tous ces journaux lequel croire ? Qui est-ce qui fait bien ? Qui est-ce qui fait mal ? On n'en sait rien ? (On entend des pas.) Ah ! Ah ! Je crois que voilà mon monde qui arrive.

(Il se lève et ouvre la porte, Horace et Jane entrent.)

SCÈNE VIII

JULIEN, HORACE, JANE.

JULIEN.

Réjouis-toi, Horace, tout va bien, et toi, Jane, prépare-toi à déployer toute ton intelligence et toute ta gentillesse pour nous seconder.

JANE, joyeusement.

Mon grand-papa veut donc bien me recevoir! Quel bonheur! Je ne te verrai donc plus triste, petit père!

JULIEN.

Ecoute Jane, je t'ai ouvert la route du succès ; n'oublie pas que la moindre imprudence de ta part, le plus léger oubli du rôle que tu t'imposes peuvent compromettre et détruire, pour toujours peut-être, toutes nos espérances!

JANE.

Oh! Ne crains rien, mon oncle ; je ferai bien attention, va, et je ne suis pas si étourdie que tu le penses.

JULIEN.

Je te préviens, Jane, que ton grand-père aime beaucoup qu'on lui rappelle son titre militaire ; ainsi toutes les fois que tu l'appelleras *colonel,* tu lui feras le plus grand plaisir.

JANE, gaiement.

Oh ! alors, je n'oublierai pas cela : bonjour, colonel, merci, colonel, ce n'est pas difficile.

JULIEN.

Et puis, je t'ai annoncée à lui, non pas comme sa petite-fille, mais comme la fille du peintre Chardini ; nous sommes obligés d'employer cette petite ruse, autrement nous ne parviendrions jamais au but que nous nous proposons, car il ne voudrait pas te voir.

JANE, avec vivacité.

Ah ! je comprends ! je vais tâcher d'être avec lui si bonne, si douce, si complaisante, qu'il finira bien par m'aimer ; alors, je lui dirai que je suis sa petite fille.

HORACE.

C'est bien cela, chère enfant.

JULIEN, tirant sa montre.

Allons, voilà l'heure bientôt passée, ton grand-père va descendre, Jane, apprête ton plus joli sourire et ta figure la plus aimable (à Horace). Et toi, Horace, laisse-nous, et aie confiance.

HORACE, soupirant.

Je ne sais si je dois avoir de l'espoir, car, quoique si bon, il est si inflexible, notre pauvre père !

JULIEN.

Oui, mais elle est si gentille, ta petite Jane ! allons, Horace, chasse tes craintes et plutôt réjouis-toi, je te le répète, car nous touchons au succès.

JANE, sautant au cou de son père.

Au revoir, mon bon petit père, calme-toi et ne sois pas trop inquiet; va, le colonel m'aimera, j'en suis bien sûre, ainsi ne te tourmente pas, je t'en prie.

HORACE, embrassant sa fille.

Oh ! certes, il t'aimera, chère enfant, quand il te connaîtra comme moi.

JANE.

Eh bien, je lui ferai faire ma connaissance, et, d'ailleurs, pourra-t-il s'empêcher de m'aimer ? Ne suis-je pas sa petite fille ? Moi, je l'aime bien déjà sans le connaître !

HORACE.

Allons, tu es une bonne enfant, ma Jane, et tu me rends l'espérance que j'avais perdue depuis longtemps ; puisse ta bonne volonté être récompensée !

(Il sort).

SCÈNE VIII

JULIEN, JANE.

JANE.

Est-ce que l'heure est bientôt passée, mon oncle ? Oh ! quand je vais voir entrer grand-père !...

JULIEN.

Tu as peur, petite ?

JANE.

Non, pas tout à fait, mais le cœur me bat un peu, tout de même.

JULIEN.

Ne crains rien, va, ma petite Jane, car il est bien bon, tu verras, le colonel Fellmann !

JANE.

Pourquoi, alors, n'aime-t-il pas papa qui est si bon, lui aussi ?

JULIEN.

Il l'aime, sois-en sûre, il l'aime toujours, et s'il agit ainsi, c'est qu'il met son amour-propre à ne pas revenir sur l'arrêt que, dans dans un jour de colère, il a prononcé contre ton père, mais vous y reviendrez, colonel Fellmann, vous y reviendrez et sans vous en apercevoir encore.

(La porte s'ouvre, Jane se cache derrière son oncle.)

SCÈNE IX

JULIEN, JANE, LE COLONEL.

LE COLONEL, même costume que précédemment.

Eh bien, Julien, et l'enfant ?

JULIEN, se retirant de devant Jane et la prenant par la main :

La voilà, mon père.

LE COLONEL, avec bonté.

Ah ! c'est vous enfin, mademoiselle, j'étais bien impatient de vous voir, mais on dirait que vous avez peur de moi.
(Il lui prend la main et s'assied.)

JANE, d'une voix un peu tremblante.

Oh ! pas du tout, colonel, au contraire, j'avais, moi aussi, bien envie de vous connaître.

LE COLONEL.

Vraiment !

JANE.

Mais oui, on m'a dit que vous étiez si bon et que, rien que sur mon portrait, vous me portiez déjà de l'intérêt.

LE COLONEL.

Ah ! et qui vous a dit cela ?

JANE.

Mais c'est mon père !...

(Julien fait un signe à Jane pour l'avertir qu'elle va se trahir.)

LE COLONEL.

Comment ! votre père ! mais il ne me connaît pas ! vous voulez dire mon fils, sans doute ?

JANE, se reprenant vivement.

Oui, oui, c'est votre fils que j'ai voulu dire.

LE COLONEL.

Ecoutez, chère enfant, oui, c'est vrai, je me sens attiré vers vous, mais cet intérêt que je vous porte, comme vous dites, il faudra le mériter.

JANE.

Que faut-il faire pour cela, colonel ?

LE COLONEL.

Je vous le dirai plus tard ; sachez d'abord pour quel motif j'ai désiré vous connaître : vous ressemblez beaucoup, mais beaucoup, à la femme que j'ai perdue, vous me rappelez tous ses traits, eh bien, il faut lui ressembler tout à fait, elle était la bonté même et voilà pourquoi je la regrette et je la pleure toujours.

JANE.

Oh ! pourquoi ne vit-elle plus ! je sens que, moi aussi, je l'aurais aimée de tout mon cœur.

LE COLONEL, attendri.

Aimable enfant ! voulez-vous que je vous embrasse ?

JANE.

Je le veux bien, colonel, car je vois qu'on m'a dit la vérité et que vous êtes le meilleur de tous les grands-pères.

(Julien fait à Jane un nouveau signe.)

LE COLONEL.

Comment ! que dites-vous, mon enfant ?

JANE.

Je veux dire le meilleur de tous les colonels.

LE COLONEL.

(Il embrasse Jane en souriant.)

Petite flatteuse ! allez ! (A Julien.) Pourquoi aimé-je tant cette enfant que je vois pour la première fois ?

JULIEN.

C'est que, mon père, elle est réellement très aimable.

LE COLONEL.

Oui, elle l'est, en effet, mais ce n'est pas une raison pour être ému comme je le suis ; elle m'ensorcelle, vraiment, cette petite ! (A Jane) Chère enfant, vous demanderez à votre papa la permission de venir tous les jours déjeuner avec moi, et, s'il vous l'accorde, cela me fera grand plaisir ; vous la lui demanderez, n'est-ce pas ?

JANE, vivement.

Oh ! bien sûr, colonel, et il ne me la refusera pas ; il vous aime bien trop pour cela.

(Julien fait encore un signe à Jane.)

LE COLONEL, avec étonnement.

Il m'aime, votre père ! mais je vous répète, chère enfant, qu'il ne me connaît pas.

JANE, finement.

Oh ! que si, il vous connaît, presque aussi bien que votre fils que voilà.

(Julien fait des signes désespérés.)

LE COLONEL, étonné.

Mais comment ?...

JULIEN, vivement.

Oh ! mon père, je lui ai beaucoup parlé de vous.

LE COLONEL.

Et je vois que tu en as parlé en fils.

JANE.

D'ailleurs, colonel, rien qu'à vous voir, on vous aime.

LE COLONEL.

Allons, c'est entendu, demain et tous les jours, vous viendrez déjeuner avec moi, et, si vous voulez, vous resterez toute la journée ; je vous ferai prendre des leçons de musique, de géographie, d'histoire, puis, nous irons nous promener, dites, le voulez-vous, chère enfant ?

JANE.

Si je le veux, colonel ! je crois bien et je ne me ferai pas attendre tous les matins, allez !

LE COLONEL.

Eh ! bien, chère petite, embrassez-moi encore et à demain, n'est-ce pas?

JANE.

Oh ! bien sûr, colonel.

(Elle sort avec Julien.)

SCÈNE VII

LE COLONEL, seul.

Qu'elle est donc gentille, cette enfant ! Mais d'où vient l'attrait que j'éprouve pour elle dès la première fois que je la vois ! C'est vraiment singulier ; quelle douceur, quelle grâce sur ce charmant visage ! En vérité, elle est charmante, et quand je soutenais à monsieur mon fils que, d'après son portrait, il devrait en être ainsi, j'étais bien sûr de ne pas me tromper.

Mais c'est impertinent, la jeunesse, ça fait fi de l'expérience des vieilles gens. (Joyeusement.) Demain, je vais donc avoir ma petite Jane toute la journée ; mais, pour aujourd'hui, il faut que je me contente d'aller voir, encore une fois, l'effet qu'elle et son petit compagnon font dans ma galerie. (Le colonel sort.)

FIN DU DEUXIÈME ACTE.

ACTE III

SCÈNE PREMIÈRE

LE COLONEL, JANE.

(Le colonel est assis dans un fauteuil près du feu.)

JANE, s'approchant timidement du colonel.

Vous ne me dites rien, colonel, depuis ce matin, vous étiez bien plus aimable les autres jours ; est-ce que vous seriez fâché contre moi ?

LE COLONEL, brusquement.

Non, mais je souffre et je ne suis pas en train de t'écouter aujourd'hui ; ainsi, Jane, laisse-moi.

(Jane va s'asseoir d'un air chagrin à peu de distance et prend un livre.)

LE COLONEL, un instant après.

N'est-ce pas, Jane, que je suis un vilain bourru ?

Grand-père, je vous souhaite une bonne fête.
Acte III, sc. IX, page 67.

JANE.

Oui, quelquefois, colonel, mais d'autres fois, vous êtes si bon, qu'on oublie tout cela et qu'on n'y fait même pas attention.

LE COLONEL.

Tu m'aimes donc, Jane ?

JANE.

Ah ! oui, colonel, beaucoup, beaucoup.

LE COLONEL.

Eh bien, viens ici, petite, et dorénavant ne m'appelle plus colonel, appelle-moi grand-papa.

JANE, sautant au cou du colonel.

Oh ! merci, merci ! j'aime bien mieux cela, c'est bien plus gentil, surtout pour moi (tristement) qui ai un grand-père qui ne veut pas me voir.

LE COLONEL.

Qui ne veut pas te voir, chère enfant ! Eh ! que lui as-tu donc fait ?

JANE.

Moi ! oh, rien ! car, quoique fâché avec

grand-papa, mon père m'a toujours appris à le respecter et à l'aimer.

LE COLONEL.

Et pourquoi donc ton père est-il fâché avec ton grand-papa ?

JANE.

Oh ! papa n'est pas fâché, lui, c'est grand-père seulement.

LE COLONEL.

Et que lui a donc fait ton papa ?

JANE.

Il paraît qu'il a pris une profession qui ne convenait pas à son père ; il s'est fait (cherchant un peu) peintre au lieu de se faire (cherchant encore) avocat !

LE COLONEL.

N'est-ce que cela ? mais, c'est fort injuste, en vérité ! il ne te connaît donc pas ? Comment peut-il repousser une aimable enfant comme toi ? Je te conduirai à ce grand-père là, moi, Jane, et nous verrons.

JANE.

Vraiment ! vous lui parleriez pour moi !

LE COLONEL.

Certainement, et pour ton père aussi, car un père qui apprend à sa fille à respecter son aïeul, malgré son injustice, ne peut être qu'un honnête homme et un bon fils.

JANE.

Oh ! oui, allez ! je vous en réponds que mon père aime bien grand-papa ! (Elle passe son bras autour du cou du colonel, et d'un ton caressant.) Ainsi, vous me promettez de lui parler pour qu'il pardonne à papa ?

LE COLONEL.

Oui, Jane, je te le promets.

JANE.

Bien sûr, bien sûr.

LE COLONEL.

Oui, bien sûr ; mais qu'as-tu donc à insister ainsi, petite fille ?

JANE.

C'est que je sais que si vous vouliez seulement lui dire deux mots, il nous pardonnerait tout de suite.

LE COLONEL.

Deux mots ! j'en dirai cent, s'il le faut.

JANE.

Oh ! quel bonheur ! Eh bien, donnez-m'en votre parole, colonel.

LE COLONEL.

Je t'en donne ma parole ; es-tu contente ?

JANE.

Pas encore tout à fait.

LE COLONEL.

Tu es bien difficile ; que veux-tu donc de plus ?

JANE.

Votre parole d'honneur !

LE COLONEL.

Pour si peu ? ce n'est pas la peine, en vérité.

JANE, d'un ton caressant.

Qu'est-ce que cela vous fait de me donner votre parole d'honneur ? Vous me rendriez si heureuse et vous seriez si gentil.

LE COLONEL, souriant.

Eh bien, je t'en donne ma parole d'honneur ; (Sérieusement.) — je te le promets, je parlerai à ton grand-papa en faveur de ton père, et de la bonne façon encore ; d'ailleurs ce sera servir ses intérêts que de lui rendre une gentille petite-fille comme toi. Quand veux-tu que nous y allions ? Je suis prêt, moi ; si tu veux, je m'habille et nous partons.

JANE.

Oh ! je voudrais bien, colonel, mais je crois qu'il faut, avant, que j'en parle à papa.

LE COLONEL.

C'est juste et bien pensé, Jane ; un enfant ne doit rien faire sans consulter son père ; parle-lui donc de mes intentions, et quand il voudra... (Le colonel se lève).

JANE.

Où allez-vous, colonel, grand-papa, c'est-à-dire ?

LE COLONEL.

Mais je sors un peu, il fait beau temps, viens-tu avec moi ?

JANE.

Oh ! non, je ne peux pas, j'ai mes leçons à apprendre, et si je ne les savais pas, mon professeur ne serait pas content.

LE COLONEL.

C'est vrai, tu as raison, petite, eh bien ! reste et travaille bien.

JANE.

Vous n'oublierez pas votre promesse, au moins ?

LE COLONEL, d'un air grave.

Apprenez, mademoiselle, que je n'ai jamais oublié aucune de mes promesses.

JANE.

Oh ! c'est que j'ai si grand'peur de ne pas réussir.

LE COLONEL.

Tu réussiras, je te le promets. (Il sort.)

SCÈNE II

JANE, seule.

Ah ! Monsieur le colonel, vous croyez que c'est pour mes leçons que je reste ! (Elle rit.) Ah ! bien oui, mes leçons, est-ce qu'il me faut si longtemps pour les apprendre ? Mais je vais vous jouer ce soir un tour auquel vous ne vous attendez pas. Ah ! vous trouvez injuste que le père du peintre ne lui pardonne pas de ne s'être pas fait avocat ! Eh bien, nous allons voir tout à l'heure comment vous vous tirerez de là.

SCÈNE III

JANE, JULIEN, HORACE.

(Ce dernier entre avec quelque hésitation et seulement après s'être assuré que son père n'est pas là.)

JANE, se précipitant au-devant d'Horace.

Oh ! père, père, je suis sûre maintenant que grand-papa va nous pardonner ; c'est sa fête, ce soir, tu sais ; eh bien, je ferai tant, tant, qu'il te permettra de venir la lui souhaiter. Si tu savais tout ce qu'il vient de me dire et ce qu'il m'a promis sur sa parole d'honneur encore !

HORACE.

Que t'a-t-il donc promis ?

JANE.

Oh ! tu verras, tu verras.

JULIEN.

Enfin, mon cher Horace, je crois que le moment est venu où nos vœux vont enfin être exaucés ; tu vas, je n'en doute pas, redevenir, comme moi, le fils chéri de notre père, et je n'aurai plus la douleur de voir un frère que j'aime exclu de la maison paternelle. Viens, Jane, que je t'embrasse, toi qui sais si bien plaider la cause de ton père.

JANE.

Ainsi, je t'en prie, mon petit papa, ne sois plus triste et n'aie plus de chagrin, tu n'as plus longtemps à souffrir ; ce soir, ce n'est pas bien loin, ce soir ; eh bien, tu souhaiteras avec moi la fête à grand-père.

HORACE.

Oh ! non, chère enfant, non, n'y compte

pas ; je ne sais que trop qu'il refusera de me voir et que, si je viens malgré cela, il me fera sortir de sa présence.

JANE.

Laisse donc, mon petit papa, j'arrangerai tout cela, moi, va ; grand-père m'aime tant ! et d'ailleurs, je sais bien ce qu'il m'a promis.

JULIEN.

Jane a raison, Horace ; le colonel va rentrer ; reste dans ma chambre jusqu'à son retour et attends-y le moment favorable, quand il sera temps, Jane ira te chercher.

JANE, sautant de joie.

C'est cela, c'est cela (prenant la main d'Horace), Oh ! bon petit père ! tu vas être heureux, j'en suis sûre, bien sûre.

HORACE (prenant sa fille dans ses bras).

Chère enfant ! tu fais la joie de ma vie, et je le suis déjà heureux, d'avoir une enfant telle que toi.

JULIEN.

Eh bien, Horace, c'est entendu, va dans ma chambre, tu y trouveras du feu, des journaux, tout ce qu'il faut pour t'aider à passer le temps le moins désagréablement possible ; du reste, je crois bien que tu n'attendras guère ; il fait froid dehors, mon père n'est pas très bien, il ne tardera pas à rentrer.

JANE.

Tu crois, mon oncle ? alors il faut vite que j'apprête mon bouquet ; justement, je l'ai mis dans ta chambre, je vais le chercher ; allons, viens, petit père. (Ils sortent.)

SCÈNE IV

JULIEN, seul.

Oh ! la charmante enfant, l'aimable petite fille ; c'est à elle que nous devrons tous de voir rentrer dans notre famille l'union, sans laquelle il n'y a pas de bonheur possible ; et le vieux colonel, quelle joie pour lui, quand il saura que cette fillette, qu'il aime tant, est vraiment sa petite-fille, et qu'il a droit à ce titre de grand-père qu'il lui demande de lui donner. Allons, un bon feu, pour son retour, et nous allons voir comment tout cela va se passer. (Il arrange le feu, souffle, etc.)

SCÈNE V

JULIEN, LE COLONEL.

JULIEN.

Eh bien ! quel temps, mon père ?

LE COLONEL.

Froid, mon ami, tout à fait froid ; ah ! tu fais du feu, tu as raison, j'ai les jambes tout endolories, je ne peux marcher que lentement et je suis gelé ; tiens, prends ma canne et laisse-moi me chauffer. (Julien prend la canne et approche un fauteuil ; le colonel s'assied.) Mais où est donc Jane ?

JULIEN.

Oh ! pas très loin, mon père, elle était là, il n'y a qu'un instant avec son livre, je vais l'aller chercher.

LE COLONEL.

Oui, va et dis-lui que j'ai une surprise pour elle.

JULIEN, à part.

Elle aussi, colonel, elle en a une pour vous.

(Il sort.)

SCÈNE VI

LE COLONEL, seul.

(Il tire de sa poche une petite boîte qu'il pose sur la cheminée.)

Voilà pour ma petite gourmande, les meilleures pastilles de chocolat de chez Marquis ; allons, ça va me valoir une caresse de plus.

SCÈNE VII

LE COLONEL, JANE.

JANE, entrant, un bouquet à la main.

Colonel, c'est-à-dire grand-père, voulez-vous me permettre de vous souhaiter votre fête et accepter ce bouquet.

LE COLONEL, surpris.

Ma fête ! tiens c'est vrai ! (tristement) c'est à pareil jour qu'on me la souhaitait autrefois (avec émotion) lorsque j'avais près de moi ma chère femme et que mon fils.... (Il essuie une larme.) Comment, Jane, tu as pensé à cela. (Il lui prend les deux mains.) Que pourrais-je faire, moi, pour te rendre tout le plaisir que tu me donnes ?

JANE, tristement.

Ah ! je ne sais pas, colonel, quoique j'aie bien du chagrin.

LE COLONEL.

Toi ! du chagrin, chère petite ! Et qui donc peut t'en faire ? Voyons, conte-moi ça, Jane, je trouverai peut-être un moyen de te consoler.

JANE.

Je ne crois pas, colonel, car ce qui me fait de la peine, c'est que je pense à papa qui est bien malheureux aujourd'hui ; c'est aussi la fête de son père et il ne peut aller la lui souhaiter, lui !

LE COLONEL, vivement.

Mais, au contraire, petite fille, c'est une excellente occasion qu'il ne faut pas laisser échapper.

JANE, avec finesse.

Vous croyez, colonel ?

LE COLONEL.

Mais certainement!

JANE.

Comment donc?

LE COLONEL.

Tiens, tu vas chez ton grand-père, (il prend le bouquet) d'une main tu tiens ton bouquet que tu présentes en entrant...

JANE.

Et si grand-père ?...

LE COLONEL.

Non, non, sois tranquille, ton grand-père, certainement, ne te repoussera pas.

JANE.

Mais, colonel....

LE COLONEL.

Pas de mais, et laisse-moi dire: d'une main, donc, tu tiens ton bouquet; de l'autre, tu amènes ton père et...

JANE.

Vous croyez, colonel, que je peux faire cela !

LE COLONEL.

J'en suis sûr; ton grand-père, eût-il un cœur de bronze, ne résistera pas, petite, j'en réponds; j'en juge par moi-même qui ai un fils aussi avec lequel je suis brouillé...

JANE.

Eh bien, colonel ?

LE COLONEL.

Eh bien, je sens que, s'il se présentait devant moi en ce moment...

JANE.

Que feriez-vous, grand-papa ?

LE COLONEL.

Ce que je ferais ? (Mettant la main sur son cœur.) Je sens bien là, vois-tu, que malgré tous ses torts et le mal qu'il m'a fait, je lui accorderais son pardon.

JANE, joyeusement.

Vraiment! vous feriez cela? Oh! je suis bien sûre alors que votre conseil est bon, et je ferai ce que vous me dites. (Elle prend son bouquet et se dirige vers la porte.)

LE COLONEL.

Où vas-tu donc, petite?

JANE.

Mais je vais chercher mon père pour le conduire à grand-papa, comme vous venez de me de conseiller.

LE COLONEL.

Eh bien! va, va, petite fille, et bon courage! (Jane sort.)

SCÈNE VIII

LE COLONEL, seul. (Il tisonne le feu.)

Je désire bien que tu réussisses, va, chère petite, car tu le mérites vraiment, et ton père aussi; certes, l'homme qui a su si bien élever une enfant ne peut être que le meilleur des fils, et.... (La porte s'ouvre.)

SCÈNE IX

LE COLONEL, JANE, HORACE, JULIEN.

JANE, son bouquet d'une main, son père de l'autre.

Grand-père, je vous souhaite une bonne fête, et je vous amène papa qui voudrait bien vous la souhaiter aussi.

HORACE.

Mon père, pardonnerez-vous enfin à votre fils repentant ?

LE COLONEL.

Horace !... Vous ici, Monsieur ?... Sortez de devant mes yeux, fils ingrat ! Qui vous a permis de vous présenter chez moi ?

JANE.

Mais, c'est vous-même, grand-papa, qui tout à l'heure m'avez dit...

LE COLONEL.

Comment?... Jane ! quoi !... tu serais ?...

HORACE, poussant Jane dans les bras du colonel.

Votre petite-fille, mon père !

LE COLONEL, serrant Jane dans ses bras.

Ah ! mon cœur me l'avait bien dit, chère enfant ! Il ne m'avait donc pas trompé !

JANE, se dégageant.

Et mon père ?

LE COLONEL.

Ton père fut bien coupable, Jane, mais, pour toi, je lui pardonne ; (à Horace, en lui ouvrant les bras) Horace, tu es encore mon fils ! (Horace se précipite dans les bras de son père.)

JANE, à Julien qui l'embrasse avec effusion.

Oh ! mon oncle, quel bonheur ! quel bonheur !

LE COLONEL, à Horace.

C'est avec joie, mon fils, que je te rends toute ma tendresse, mais laisse-moi cette enfant, je sens qu'elle est maintenant nécessaire à mon bonheur et que je ne pourrai plus m'en passer. (A Jane.) Et vous, petite espiègle, aimerez-vous autant votre grand-papa que le colonel ?

JANE.

Oh ! il y a longtemps que je sais que vous êtes mon grand-papa et vous savez bien que je vous aime de tout mon cœur.

SCÈNE X

LES PRÉCÉDENTS, JOSEPH.

JOSEPH, paraissant à la porte et faisant le salut militaire.

Et moi, mon colonel ? Me pardonnerez-vous aussi comme quoi je vous ai parlé l'autre jour de M. Horace, ici présent, et de mamzelle Jane ?

LE COLONEL, souriant.

Ah ! c'est toi, mon vieux brave, tu étais donc dans le secret, toi aussi ?

JOSEPH.

Un peu, mon colonel, mais c'est égal, je n'aurais jamais cru qu'une petite fille puisse venir à bout de vous plus vite quasiment qu'une armée d'ennemis.

LE COLONEL, en colère.

Et as-tu jamais vu, maraud, que les ennemis soient quelquefois venus à bout du colonel Fellmann.

JOSEPH, d'un air piteux.

Oh ! non, mon colonel, jamais je le sais bien. (A part.) Allons, j'ai encore dit une bêtise ; (haut et faisant le salut militaire) vous me pardonnez encore celle-là, n'est-ce pas, mon colonel ?

LE COLONEL.

Parbleu ! vieux troupier, si je te pardonne ! Je suis trop heureux aujourd'hui pour en vouloir à qui que ce soit, et merci à toi, petite Jane, pour ce bonheur que tu nous donnes à tous.

FIN.

VERSAILLES. — IMP. CERF ET FILS, 59, RUE DUPLESSIS.

PUBLICATIONS NOUVELLES

DE

LA LIBRAIRIE D'ÉDUCATION LAÏQUE

Bibliothèques laïques de l'Enfance et de la Jeunesse

SÉRIE IN-32 CARRÉ A 0,15

Contes Familiers, par J. COURIER, avec frontispice. 1 vol broché.

Nouveaux Contes familiers, par J. COURIER, avec frontispice, 1 vol. broché.

Miettes Zoologiques, 15 vol., avec frontispice, vignettes, culs-de-lampe.

Le Chien, 1 vol.
Le Chat, 1 vol.
L'Ane, 1 vol. En préparation.
Le Cheval, 1 vol. —

Histoires enfantines, 1 volume, illustré par Denis.

PETITE SÉRIE IN-18 RAISIN A 0,30

Les Contes de Lucette, par Mme J. VÉRON, 8 vignettes, par René Ménard, 1 vol. broché.

Blondin, Blondine et Blondinet, par E. GUINAULT de la Société des gens de lettres, illustré par Denis, 1 vol.

Le Théâtre à l'École et dans la Famille, par CL. DANIEL, illustré par Denis.

II. *Jean-le-Bossu*, pièce en 2 actes, 1 vol.
III. *La Sellette*, pièce en 2 actes...... } 1 vol.
IV. *Le retour du père*, pièce en 1 acte. }

Chaque volume se vend séparément.

PETITE SÉRIE IN-18 JÉSUS A 0,40

Swanilda, par A. TALANDIER, député, illustrations par Gobin

Une journée chez le Grand-Papa, par Mme J. VÉRON illustré par E. René Ménard.

Domino, par L. HOUSSOT, illustré par l'auteur.

SÉRIE IN-18 JÉSUS A 0,80

Le numéro Treize, par E. GUINAULT, de la Société des gens de lettres, illustrations de Denis.

Le petit Cousin Charles, par Mme J. VÉRON, 9 vignettes par Denis, 1 vol. broché.

Voyage à la découverte dans l'Afrique australe, par PEDRO RIOUX MAILLOU. Dessins de E. René Ménard.

Le Gromm de Monsieur le Marquis, par NELLY LIEUTIER, de la Société des gens de lettres, orné de nombreuses gravures

Versailles. — Typ. Cerf et Fils, rue Duplessis, 59.

www.ingramcontent.com/pod-product-compliance
Lightning Source LLC
LaVergne TN
LVHW020043170826
845678LV00001B/396

* 9 7 8 2 3 2 9 6 9 1 5 1 0 *